AF224423

VII CONGRÈS INTERNATIONAL
'HYDROLOGIE — DE CLIMATOLOGIE — DE GÉOLOGIE ET DE THÉRAPIE
PAR LES AGENTS PHYSIQUES

VENISE 10-18 OCTOBRE 1905

Docteur BARADAT

(DE CANNES)

L'ENGADINE EN FRANCE

> . . . Il nous a semblé opportun de rappeler aux Français que, s'ils ont *une Côte d'Azur,* ils ont aussi — en France même — l'*Engadine.*

(XVᵉ ÉDITION)

PARIS

LIBRAIRIE J.-B. BAILLIÈRE ET FILS

19, rue Hautefeuille, près du Boulevard Saint-Germain

1906

L'ENGADINE EN FRANCE

Du FAYET SAINT-GERVAIS-LES-BAINS au MONT-BLANC

Saint-Gervais Mont-Blanc — Saint-Gervais Motivon
Saint-Gervais Village — Le Fayet Saint-Gervais-les-Bains

DU MÊME AUTEUR

Diagnostic de la dilatation de l'estomac. 1885, Paris.

Des éruptions sudorales dans la fièvre typhoïde et de leur valeur pronostique. *Revue de Médecine*, oct. 1887, Paris.

Des influences climatériques et telluriques sur le littoral méditerranéen. *Rapport officiel* (travail récompensé), 1890.
Médaille d'argent de l'Académie de Médecine — 1892, Paris.

Maladies de la prostate et catarrhe de la vessie. *Bulletin de l'Académie de Médecine*, déc, 1897.

Des conditions hygiéniques des stations hivernales de la Méditerranée. *Congrès de Berlin*, 1900.

La tuberculose et les médications nouvelles. *XIIIe Congrès International des Sciences médicales*, août 1900, Paris.

L'éducation moderne de la Jeunesse envisagée comme cause prédisposante de la tuberculose. *Congrès de Londres*, juillet 1901.

Tuberculose et Sérums anti-toxiques. *Congrès de Londres*, 1901.

Sanatorium et villas sanatoria. *Congrès de Londres*, 1901.

Considérations sur la tuberculose et son traitement. *Zeitschrift f. Tuberculose*, juillet 1901, Berlin.

Les établissements d'éducation et la tuberculose. *Congrès d'Assistance familiale* (oct. 1901), 1902, Paris.

La tuberculose dans les lycées. *Siècle*, oct. 1901, Paris.

Un devoir de reconnaissance. *Bulletin de la Mutuelle de Saumur*, 1901.

Rapport au bureau central international de Berlin sur un projet de sanatorium allemand dans les Alpes-Maritimes. Janvier 1902.

Les agents physiques dans la cure de la tuberculose. *Congrès d'hydrologie*, Grenoble 1902 ; 1903, Paris.

Le dispensaire de la Croix-Rouge de Cannes, son rôle, ses bienfaits. Conférence faite à la Croix-Rouge française, 1903.

L'Hygiène du poumon, du Professeur de Schrôtter, (traduction et *collaboration*), 1906.

L'ENGADINE EN FRANCE

Dans quelques mois, une vaste et belle région, que n'ont visitée encore que de rares et intrépides touristes, va ouvrir largement au monde médical les ressources les plus variées du climat d'altitude avec ses gammes et ses adaptations les plus multiples.

« S'élever de 5000 mètres environ au-dessus du niveau « de la mer ; y jouir d'un horizon de 200 kilomètres de « rayon ; voir l'ensemble de ce dédale de montagnes qui « donne naissance au Pô, au Rhône, au Rhin et au Da-« nube ; vivre un instant, en plein été, dans une région « polaire, seul îlot en Europe de l'Isotherme d'Hiver de « — 20° qu'on ne retrouve qu'au nord de la Baltique ; vo-« yager dans un pays où l'eau est un roc sec et bleu...»(1).

Tels sont les attraits peu ordinaires dont nous allons pouvoir jouir en France, dis-je, dans quelques mois.

Le chemin de fer électrique du Mont-Blanc, dont la construction s'effectue avec activité, réunira l'établissement thermo-minéral du Fayet Saint-Gervais, situé à 630 m. d'altitude au sommet du Mont-Blanc situé à 4810 mètres (2). C'est une œuvre gigantesque qui, tout en facilitant l'accès de la plus haute cime d'Europe, fera

---

(1) Avant-projet du tramway électrique du Mont-Blanc.

(2) Le tramway du Mont-Blanc aura l'avantage considérable sur tous les autres chemins de fer de montagnes d'effectuer son parcours à ciel ouvert... plus de tunnels, plus de fumée de charbon, et pas de poussière dans une région encore inaccessible aux automobiles.

connaître au grand public de belles et saines contrées où l'air est toujours frais et où les horizons sont majestueux.

« Tous les ans, l'extrême beauté de pareils sites attire « dans les châlets de la Suisse des milliers de nos compa- « triotes qui préféreraient certainement éviter les fati- « gues d'un long voyage et jouir, sans quitter la France, « du bien-être qu'ils vont chercher si loin. Il est même « probable que beaucoup d'entre eux feront construire « dans nos Alpes de Saint-Gervais, aussi haut que possi- « ble, des villas confortables, ne fût-ce que pour être plus « sûrs d'y revenir » (1).

Pour les Français qui, il faut bien le dire, ne sont pas voyageurs, l'accès facile de cette région, c'est l'af- franchissement des stations étrangères. Ils seront là, en France, à l'abri de cet isolement, qui leur pèse si lourde- ment lorsqu'ils se trouvent au milieu d'une population étrangère et indifférente.

La région traversée par le tramway électrique est située tout entière sur la commune de Saint-Gervais- les-Bains (Haute-Savoie), dans une « vallée dont le cir- « que terminal couronné par des crètes de 3500 mètres « à 4000 mètres d'altitude, renferme un glacier de 5 *kilo- « mètres* de longueur sur un kilomètre à *deux kilomètres* « de largeur avec une moraine frontale vers la côte de « 1400 mètres.

« Le flanc droit de cette vallée, formée par les contre- « forts du Prarion, du Mont-Lachat, des Rogues, de Tête- « Rousse et de l'Aiguille-du-Gouter est exposé en plein « sud et, tous les ans, est de bonne heure dégagé de nei- « ges » (2).

Cette contrée est peut-être unique au monde par la beauté de ses sites, la splendeur de ses forêts de sapins,

___

(1) Loco cit.
(2) Loco cit.

la pureté de son air, et si, par le titre de cette communication, nous la comparons à la Haute-Vallée des Grisons, c'est qu'elle possède la sérénité du ciel de cette vallée comme elle en a, au point de vue médical, les ressources climatériques, l'influence bienfaisante sur l'organisme humain.

Les zônes parcourues par le tramway électrique du Mont-Blanc peuvent être divisées en quatre régions :

1° *Le Fayet-Saint-Gervais* (630 à 700 mètres) avec son établissement balnéaire, ses hôtels, (1) son parc, ses promenades.

SAINT-GERVAIS-LES-BAINS. — Le Village.
« Nid d'oubli et de repos. »

2° *Saint-Gervais village* (de 800 à 1200 mètres) où

---

(1) *Hôtels du Fayet-Saint-Gervais :* Hôtel des Alpes, Hôtel des Bains, Hôtel de la Paix, Hôtel de la Savoie, Hôtel Terminus

s'étagent villas et hôtels (1) et qui présente le spectacle des pentes boisées du Prarion, avec ses sapins gigantesques, avec ses fraîches cascades.

3° *Saint-Gervais-Motivon* (de 1200 à 1600 m.). C'est la partie du trajet qui est appelée au plus bel avenir comme station. C'est le plus beau site des contreforts, c'est l'endroit le plus favorablement situé pour l'installation de villégiatures et de cures d'altitude. Cette zône que parcourent en été de beaux troupeaux s'étend jusqu'à la limite de la végétation arborescente.

Ses plateaux fertiles, verdoyants, qui surplombent les vallées du Bonnant, du Bionnassay et de l'Arve sont couverts d'épicéas et de mélèzes parmi lesquels des sources à *température constante de + 6 degrès, en été comme en hiver*, coulent en cascades.

4° *Saint-Gervais-Mont-Blanc* (de 1700 à 4810 m.) Nous sommes dans la zône des pelouses des montagnes où quelques rares mélèzes alternent avec des massifs de mirtilles et le rhododendrons avant d'arriver aux glaces éternelles.

Bien que l'Engadine et la région de Saint-Gervais soient dissemblables par la nature de leur terrain et de leur végétation, (2) la climatologie des deux contrées est comparable à tous les points de vue. Elles ont en commun le vif éclat de la lumière, la puissance de la radiation solaire, la longue durée de la période de neige fixe, toutes choses qui, pour un clinicien, contribuent à former un climat, aussi bien que le régime des vents et l'hygrométrie.

---

(1) *Hôtels de Saint-Gervais village :* Grand Hôtel, Hôtel de Genève, Hôtel du Mont-Blanc, Hôtel Mont-Joli, Hôtel Regina, Hôtel Splendide.

(2) Tandis que dans l'Engadine on ne perçoit que de très rares mélèzes et quelques sapins rabougris, la région de Saint-Gervais est couverte de forêts de sapins-épicéas d'une densité et d'une beauté exceptionnelles.

En effet, la valeur d'un climat se mesure aussi, et surtout, aux influences que ce climat exerce sur l'homme en général et sur les diverses catégories de malades qui lui sont

soumises. Si nous comparons volontiers l'Engadine à la région de Saint-Gervais, c'est parce que nous avons pris soin d'observer les faits et de comparer la pathologie et les ressources de thérapeutique physique que présentent ces deux régions.

Pour cela, nous avons, d'une part, visité, plusieurs années consécutives, la haute Engadine et l'hôpital cantonal de Samaden, où M. le docteur Bernhardt, a eu l'obligeance de nous entretenir sur les catégories de malades qui trouvent la guérison dans ces hautes régions et sur les effets physiologiques ressentis par l'organisme sain, et d'autre part, nous avons fait une enquête, sur place, dans la commune de Saint-Gervais auprès des habitants de Motivon et des Seillères, villages extrêmes de la région habitée.

Je ne ferai pas l'énumération des influences bienfaisantes qui forment le cortège habituel des climats d'altitude ; je ne m'arrêterai que sur les conditions climatériques spéciales qui forment la *caractéristique des hautes vallées de la Savoie* et qui sont dues *au voisinage immédiat des glaciers.*

Il résulte, pour cette région, comme je vais en faire la démonstration péremptoire, *grâce au voisinage de ce grand cône de glace qu'est le Mont-Blanc :*

1º Une plus grande pureté de l'air.

2º Une égalité barométrique et thermométrique.

3º Une irradiation lumineuse intense.

L'air est plus pur parce qu'il s'est purifié en balayant la surface des glaciers ; parce que la vapeur d'eau, en se condensant sous l'influence du froid, a précipité toutes les impuretés de l'atmosphère pour les fixer le long des pentes glacées.

L'air est ainsi exempt de spores cryptogamiques, de moisissures, lichens, algues et bactéries ; sa pureté est telle qu'à Saint-Gervais, comme dans l'Engadine et le haut-Valais, on sèche la viande sans salaisons et sans fumage ; *la poussière dans les appartements n'y existe pas ou peu.*

L'été, surtout l'après-midi, un mouvement d'échange a lieu entre l'air chaud de la vallée et l'air frais des glaciers ; dans les vallées, les couches inférieures de l'air s'échauffent très vite ; en s'échauffant, elles se dilatent, remontent vers les régions plus élevées d'où elles chassent l'air froid environnant les glaciers ; celui-ci, descend remplacer les couches montantes. Ce mouvement, est d'autant plus intense qu'est plus grand l'écart de température entre le jour et la nuit. (1)

Ces vents peuvent être violents das une vallée trop encaissée, mais ils sont agréables et hygiéniques à Saint-Gervais, où la vallée étant large et ouverte, le courant se répand en nappe égale et tranquille sur toute la région, comme un fleuve invisible.

Cet air frais et purifié qui descend des glaciers a, en plus, subi, lorsqu'il arrive dans les régions basses, l'action bienfaisante des forêts ; il s'y est tamisé et il a laissé, à l'enduit des arbres résineux les poussières qu'il tenait encore en suspension. L'action des forêts, peut-être insuffisante en elle-même, est une garantie précieuse de la pureté de l'air lorsqu'elle se joint à l'action de l'altitude et des glaciers.

Egalité barométrique et thermométrique

L'air de Saint-Gervais, s'il est salutaire par sa fraîcheur et par sa pureté, ne l'est pas moins par son *égalité* thermométrique et barométrique.

---

(1) On peut remarquer que la glace de glaciers contient des débris organiques, poils, poussières végétales, etc., qui ne peuvent avoir été apportés que par l'air des régions basses.

La mer est pour le littoral ce que sont les glaciers pour la montagne ; ils ont des effets comparables pour le maintien d'une température constante ; la mer se chauffant et se refroidissant lentement assure à l'atmosphère une température constante ; la montagne de Saint-Gervais, grâce au voisinage de glaciers, dont la température est aussi toujours constante, jouit du même avantage.

La température moyenne de la région, bien qu'influencée par les circonstances locales, peut être ramenée aux chiffres suivants dans ses rapports avec la pression barométrique, en été :

Au Fayet-St-Gervais, la moyenne de la pression est de 700 et la température de 25º.

A St-Gervais village, la pression est de 690 et la température de 23º.

A St-Gervais-Motivon, la pression est de 640 et la température de 18º.

A St-Gervais-Seillières, la pression est de 600 et la température de 15º.

Dans la région qui s'étend du col de Voza au sommet du Mont-Blanc la pression varie de 600 à 300 et la température de + 15º à — 20º.

Ce qu'il importe de remarquer c'est que, sur un point quelconque du parcours, le thermomètre et le baromètre varient peu et constituent par leur égalité, par leur surprenante uniformité, une *véritable constante.*

Irradiation lumineuse plus intense.

Dans la région de Saint-Gervais on compte peu de jours à ciel couvert. Les brouillards, qui s'y montrent rarement, se dissipent toujours avant 9 ou 10 heures ; le maximum des jours pluvieux est en avril et fin septembre ; les pluies qui marquent la perturbation de fin septembre sont généralement terminées vers le 10 octobre au plus tard.

Cette sécheresse de l'air *tient encore au voisinage des glaciers* sur lesquels les vents abandonnent, comme nous l'avons déjà dit, l'humidité qu'ils renferment.

Grâce à cette sécheresse, l'air est clair, le ciel d'un bleu profond, la lumière abondante, continue, d'une intensité considérable. L'altitude aussi, par la raréfaction de l'air, favorise l'intensité lumineuse des rayons solaires.

Cette lumière chaude et violette des régions élevées de Saint-Gervais prend une large part aux heureux effets de l'altitude sur l'organisme. Elle est même employée seule, dans l'Engadine comme à Saint-Gervais, dans un traitement que l'on appelle « cure de lumière ». On peut comprendre l'efficacité de cette cure, si l'on considère les effets que *la lumière violette surtout* exerce sur tous les êtres organisés.

Cette question de la luminosité est loin d'être connue et l'observation des faits laisse entrevoir toute une thérapeutique lumineuse encore insoupçonnée.

Tantôt la lumière favorise l'éclosion des germes malfaisants, tantôt elle les détruit. *Trente degrès de chaleur sur une montagne voisine des cimes neigeuses ou des glaciers ne produisent pas les mêmes effets que trente degrés dans certaines villes du midi ou de l'Orient.* Il y a des pays ensoleillés d'où se dégagent toujours des fermentations malsaines. La peste, le choléra, nous viennent d'Orient où cependant, le soleil brille avec éclat et où les notions de propreté sont érigées en préceptes religieux. C'est donc que les couches atmosphériques qui s'interposent entre la terre et le soleil sont différentes, que l'action des rayons diffère suivant la lentille formée par les couches gazeuses.

Pour bien faire comprendre l'importance de la lentille atmosphérique dans les effets de luminosité et d'irradiation solaire, l'infini des variétés de l'action rayonnante, je citerai un simple fait : au moment de l'exposition de 1889, on fit des essais d'application des rayons solaires à l'industrie et à la cuisine. Je me souviens d'un poulet qu'on voulut faire cuire à l'aide d'une lentille de cristal ordinaire, l'action du soleil transforma la matière azotée en ammoniaque, et le poulet sentit mauvais ; nous eûmes l'idée, dans une autre tentative, d'interposer un verre jaune entre le soleil et la lentille et nous pûmes alors faire rôtir un poulet ayant véritablement le goût d'un poulet rôti devant le feu.

Enfin, quelle que soit la vérité des théories, on ne peut mettre en doute l'heureux effet de la lumière sur l'organisme. Les êtres qui en sont privés souffrent et s'étiolent. Pour s'en convaincre, il suffit de regarder la population chétive des rues étroites et obscures de nos villes. La lumière répond à deux besoins : elle améliore le terrain et elle combat les bactéries.

Elle améliore le terrain, d'abord par ses effets moraux : elle met au cœur la joie de vivre et l'impétueux désir de résister au mal. Le spleen habite les brouillards avec son cortège de longs découragements et de molles veuleries. La lumière est évocatrice d'une existence saine et joyeuse.

En outre, elle fortifie physiquement l'organisme Elle agit sur le sang, sur les nerfs, sur la peau ; elle nourrit le sang, elle l'artérialise. De même qu'elle multiplie la chlorophylle, par qui les plantes vivent, de même elle fait proliférer l'hémoglobine, qui est le principe de vie des hommes.

Sports, Asiles et Colonies de Vacances
à St-Gervais.

Il résulte de ces précieux avantages, une facilité extrême pour la mise en pratique de tous les genres de sports, et, en particulier, *de la marche*. Et nous savons quelle importance est attribuée à l'exercice en montagne au point de vue du développement physique et du fonctionnement intégral des poumons !

Nous formons le vœu qu'on crée dans cette région de la haute Savoie, des *Asiles de Vacances* pour les enfants de nos grandes cités, *des colonies sanitaires* pour les employés de nos grands magasins et de nos grandes administrations ; qu'on y envoie chaque année, pendant plusieurs semaines, ceux dont l'*hématose est entravée* soit pour une *infériorité constitutionnelle du poumon*, soit par des *troubles de la circulation sanguine*.

Le sujet qui se meurt dans l'atmosphère étroite et viciée de son bureau ou de son atelier, celui dont les poumons, écrasés par l'étroitesse de nos rues, aspirent à se dilater, se verront revivre à la montagne.

Qu'on y envoie les *jeunes victimes* de notre *régime scolaire*, ces enfants courbés pendant de longues heures et pendant des années sur des tables de travail, uniformes pour des tailles différentes : les *collégiens internes*, entassés dans des dortoirs où les lits se touchent presque. Que de tuberculoses prennent naissance dans cet air non renouvelé que chacun respire et renvoie à son voisin douze cents fois par heure !

Qu'on y envoie aussi tous ceux, enfants, jeunes gens, hommes faits, qui « *ne savent pas respirer.* »

Le défaut d'exercice met entrave à la libre expansion

des poumons, à la mise en œuvre de toutes les région de ces organes délicats, dont « l'intégrité ne s'entretient que par un jeu complet et régulier ». Beaucoup de personnes *ne respirent pas complètement*, l'air n'entre jamais dans certaines parties de leurs poumons où les alvéoles restent fermées, collées les unes contre les autres.

Action physiologique de la Montagne
sur le poumon.

A mesure que diminue la pression atmosphérique, l'air étant plus rare, l'oxygène l'est également et, comme l'organisme a besoin de la quantité d'oxygène qu'il est habitué à absorber, les inspirations se multiplient, se font plus amples, plus profondes. L'air pénètre ainsi dans les régions les plus paresseuses du poumon, les obligeant à se déplisser ; il entre dans les sommets qui sont, comme on le sait, chez les jeunes, la région la plus délicate, pour les revivifier.

Mais, pour que le poumon s'adapte sans fatigue à ces nouvelles conditions, le malade ou le prédisposé ne doit pas être jeté brusquement dans une altitude élevée. Si la pression de l'air diminue trop rapidement, le sang se porte à la périphérie, la peau se congestionne, des palpitations cardiaques se produisent, la respiration devient oppressée et pénible. Il importe donc de ménager au sujet des transitions. L'adaptation graduée qu'il demande est plus facile à Saint-Gervais que partout ailleurs puisque, comme nous l'avons dit en commençant, nous avons ici toutes les gammes de l'altitude et, pour nous transporter entre 600 mètres et 2000 et ensuite 4000 mètres, des moyens commodes, faciles et à bon marché. A moins d'avoir affaire à des cachectiques très avancés et privés de toute force de réaction, nous pouvons faire bénéficier chaque individu de tous les avantages de la montagne, en lui donnant les doses régulièrement croissantes, d'altitude. Les efforts du poumon pour se déplisser sont moins violents à 600 mètres qu'à 1000 mètres, mais à 600 et 800 mètres le poumon sera préparé à l'adaptation à 1000 mètres et le déploiement pulmonaire commencé à 800 mètres se complètera à 1400 et 2000.

Et c'est à l'air *pur* des glaciers que la jeunesse et les surmenés viendront se retremper, viendront, par la marche dans la montagne, acquérir cette énergie physique et morale, cette capacité d'adaptation aux évènements imprévus, cette pleine compréhension de la réalité, qui sont les qualités mêmes et l'essence de l'homme de combat dans la vie moderne (1).

L'Eté seulement nous paraît profitable dans la région de St-Gervais et du Mont-Blanc. On a bien vanté l'hiver à la montagne, mais nous estimons qu'il est préférable de passer la saison froide dans les régions tempérées ou bien, pour ceux qui peuvent le faire, d'aller séjourner au pays du soleil, dans cette merveilleuse Riviera, qui n'a rien de comparable pour la salubrité et l'agrément.

Depuis quelques années, sous l'influence des médecins allemands, on a attribué au froid une valeur curative merveilleuse. Il a des effets toniques, dit-on, stimule l'appétit et facilite ainsi la suralimentation. Sans hydrothérapie, sans kinésithérapie, il reconstitue à lui seul un

---

(1) La région de St-Gervais est spécialement indiquée pour le traitement des neurasthénies, des cardiopathies vraies ou fausses, des cachexies paludéennes et enfin, et surtout, des maladies de peau d'origine neuro-arthritique, de l'eczéma en particulier, qui sont spécialement traitées à l'Etablissement thermo-minéral du Fayet-St-Gervais les Bains.

organisme fatigué. Enfin, il abaisse le degré de chaleur des malades fébricitants.

En réalité, tandis que certains malades supportent bien le froid, la plupart en pâtissent. *Il a tué plus de monde qu'il n'en a guéri.* Le malade ou le faible, s'il a froid aux mains et aux pieds, ne réagit pas comme l'individu normal : sous l'influence de ce froid local, ses centres nerveux s'engourdissent et les germes morbides pathogènes ne rencontrent plus de résistance. S'il a froid sur tout son corps, et si cette impression se prolonge, elle agit à la manière d'un poison paralysant : les tissus du malade deviennent inertes et incapables de réagir contre les germes morbides. Les individus, même sains, souffrent du froid, et sous sa morsure, résistent moins bien aux maladies.

D'ailleurs les médecins, partisans du froid, sont les premiers à ne pas appliquer cette cure intégralement et même à l'appliquer fort peu. Ils envoient leurs malades sur les pentes glacées des alpes, mais dans des sanatoria bien chauffés, munis de calorifères de la cave au grenier, approvisionnés de bouillottes, de briques chaudes, de poëles à vapeur. *Dans le midi, c'est le soleil qui se charge de toute cette chaufferie, avec moins d'attirail et plus de sécurité.*

Au moment où l'établissement du chemin de fer va permettre de jouir, en été, sans réserves, des beautés variées et des ressources merveilleuses de cette région privilégiée, de la Haute-Savoie, il nous a semblé opportun de rappeler aux Français que, s'ils ont *une côte d'Azur*, ils ont aussi — en France même — *l'Engadine.*

ROBAUDY — CANNES